Milena Baisch
Drachengeschichten für 3 Minuten

Milena Baisch
ist in Wuppertal aufgewachsen. Mit dem Schreiben von Kinderbüchern hat sie schon als Schülerin angefangen und seit dieser Zeit verschiedene Kinder- und Jugendbücher veröffentlicht. In Berlin studierte sie an der Filmakademie das Drehbuchschreiben und schreibt seitdem auch Drehbücher für Kinder- und Erwachsenenfilme. Sie lebt in der Nähe von Berlin.

Stefanie Dahle
wurde 1981 in Schwerin geboren und hat schon als Kind viele Stunden damit verbracht, Bilderbücher anzuschauen oder Zimmerwände zu bemalen. An der HAW Hamburg hat sie dann Illustration studiert – und gestaltet heute selbst fantasievolle und wunderschöne Bilderbuchwelten, in die man sich stundenlang hineinträumen kann.

Milena Baisch

Drachengeschichten für 3 Minuten

Mit farbigen Bildern von Stefanie Dahle

Arena

3. Auflage 2011
© Arena Verlag GmbH, Würzburg 2008
Alle Rechte vorbehalten
Einband und Illustrationen: Stefanie Dahle
Gesamtherstellung: Westermann Druck Zwickau GmbH
ISBN 978-3-401-09193-8

www.arena-verlag.de

Inhalt

Das Höhlengespenst	11
Ein Kostüm für Drache Minko	16
Zauber zum Geburtstag	22
Luziana ist verliebt	28
Die Drachen beim Burgfest	34
Überraschung bei Vollmond	40
Rettung vor dem Wolf	46
Lommi ärgert die Ritter	50
In der Drachenschule	55
Ein Feuer in den schönsten Flammenfarben	60
Lass uns eine Brücke bauen!	66
Die Elfen kommen zu Besuch	71

Das Höhlengespenst

Olmo, Alma und Ilmi sind drei kleine Kobolde. Sie haben kurze Beine und große Ohren. Und sie wohnen in einer fantastischen Tropfsteinhöhle. Deshalb freuen sie sich immer sehr, wenn sie nach Hause kommen. Aber heute ist Ilmi verwundert vor dem Eingang stehen geblieben.

Sie ruft: »Pscht!«

Alma und Olmo sind ganz ruhig und lauschen.

»Was ist denn?«, flüstert Olmo.

»Da ist was«, flüstert Ilmi zurück.

Alle drei drehen ihre spitzen Öhrchen zum Höhleneingang und lauschen noch besser.

Jetzt hören sie es! Ein raschelndes, rauschendes Geräusch.

Ilmi klappert mit den Zähnen. »H-h-hiiilfe! G-g-gespenster!«

»Ilmi, das ist Quatsch!«, rufen Olmo und Alma. »Hier gibt es doch keine Gespenster!«

Und zum Beweis stapft Olmo mitten hinein in die dunkle Tropfsteinhöhle. Alma wartet mit Ilmi draußen. Sie streichelt ihren Wuschelkopf. »Siehst du? Es gibt keine Gespenster.«

In dem Moment kommt Olmo aus der Höhle gerannt. »Unerhört!«, schimpft er und stampft mit dem Fuß ins Moos. »Es hat unsere Wurzelkekse angeknabbert!«

»Wer?«, fragt Alma.

»Na, das Gespenst!« Vor Ärger wirft Olmo einen Tannenzapfen gegen die Höhlenwand.

Alma schüttelt erstaunt den Kopf. »Aber Olmo! Du weißt doch, dass es gar keine Gespenster gibt.« Dann geht sie in die Höhle hinein.

Olmo und Ilmi warten draußen. »Es ist bestimmt ein Gespenst da drin«, flüstert Ilmi.

»Jawohl«, sagt Olmo.

Da hören sie einen Schrei aus der Höhle.

»Aua, aua!« Alma kommt nach draußen geflitzt. Sie zeigt den beiden ihren rechten Zeigefinger. »Es hat mich gepikst!«, ruft sie empört.

Olmo und Ilmi schauen sich erschrocken an. »Etwa das Gespenst?«, fragen sie.

»Jajaja!«

»Aber du hast doch gesagt, dass es keine Gespenster gibt.«

Alma springt durchs Moos. »Hier gibt es eins!«

Jetzt haben Olmo und Ilmi Angst. Und Alma auch. »Wir müssen zum Drachen«, beschließt sie.

Die drei rennen los, zum Drachen, und erzählen ihm vom Gespenst, das pikst und Wurzelkekse klaut. Der Drache wiegt seinen großen Kopf hin und her. »Das ist aber ein komisches Gespenst«, überlegt er.

»Du musst es verjagen!«, ruft Ilmi.

Alma nickt aufgeregt. »Ja! Mach ihm Angst!«

»Mach ein großes Feuer, damit es sich nie wieder in unsere Höhle traut!«, ruft Olmo.

Da steht der Drache langsam auf. Er kommt mit den drei Kobolden, um sich das Gespenst einmal anzusehen. Vor der Höhle bleiben die Kobolde stehen. »Geh du vor«, sagt Olmo zum Drachen.

Der Drache hat keine Angst. Er geht in die fantastische Tropfsteinhöhle hinein. Die drei kleinen Kobolde schleichen ihm hinterher. Sie verstecken sich hinter seinem großen Rücken, damit das Gespenst sie nicht so leicht piksen kann.

Alma stupst den Drachen an. »Jetzt!«, ruft sie aufgeregt. Da öffnet der Drache sein großes Maul und spuckt eine Flamme aus, die die Höhle strahlend hell erleuchtet. Die Tropfsteine glitzern und funkeln in wunderbarer Pracht. »Oh!«, staunen die Kobolde. »Ist unsere Höhle aber schön!« Sie sind ganz überrascht, denn bis zum heutigen Tag haben sie ihre Höhle nur im Dunkeln gekannt.

Im Schein des schönen Drachenfeuers sehen sie nun die glänzenden Höhlenwände, den gemütlichen Höhlenraum mit dem Tisch und den Stühlen, auf dem Tisch die leckeren Wurzelkekse und zwischen den Wurzelkeksen – einen Igel.

»Ein Igel!«, ruft Ilmi.

»Der hat unsere Kekse gegessen!«, grummelt Olmo.

»Der hat mich mit seinen Stacheln gepikst!«, ruft Alma.
»Der ist süß«, sagt Ilmi. Sie hebt den Igel vorsichtig hoch und setzt ihn auf ihren Schoß.
Da hört der Drache auf, Feuer zu speien. Er schüttelt seinen großen Kopf. »Wenn ihr keine Angst mehr habt, dann kann ich ja wieder gehen.«
Aber Alma und Olmo wollen nicht, dass der Drache schon wieder geht. »Bleib doch noch ein bisschen bei uns!«, sagen sie. »Es ist hier viel schöner, wenn du da bist.«
Sie rücken den Tisch zur Seite, damit der Drache sich schön ausstrecken kann. Und dann machen sie sich alle zusammen einen gemütlichen Abend in der fantastischen Tropfsteinhöhle. Hin und wieder speit der Drache ein kleines warmes Feuerchen. Olmo schenkt jedem eine Tasse mit köstlichem Gänseblümchentee ein. Alma singt Koboldlieder. Und Ilmi füttert den kleinen Igel mit Wurzelkeksen.

Ein Kostüm für Drache Minko

Morgen ist Kostümfest, und der Drache Minko überlegt, als was er sich verkleiden soll. Letztes Jahr ist er als Dinosaurier gegangen. Das war einfach, aber dieses Jahr soll es mal etwas anderes sein.

»Als was gehst du?«, fragt Minko seine Freundin, die Fee Sambalda.

»Ich verkleide mich als Frosch«, sagt Sambalda.

Sie zeigt Minko das Kostüm, das sie gerade bastelt. Es ist ein toller grüner Anzug mit einer langen roten Zunge.

»Oh!«, ruft Minko neidisch. »Als Frosch würde ich auch gerne gehen.«

»Kannst du doch«, schlägt Sambalda vor. »Das ist bestimmt nicht so schwer, denn du bist ja schon grün.«

Aber Minko schüttelt traurig den Kopf. »Ein Drache als Frosch, das ist doch viel zu groß. Das sieht unmöglich aus.«

Die Fee kichert.

»Ach«, seufzt Minko. »Eine Fee müsste man sein. So klein und zart. Dann passt einem alles.«

»Du kannst als Dinosaurier gehen«, schlägt Sambalda vor. »Dafür bist du nicht zu groß.«

»So was Langweiliges!«, schnaubt Minko. »Alle Drachen gehen als Dinosaurier.« Er wiegt seinen großen Kopf zum Abschied und stapft davon.

Als er zum Bach kommt, sieht er dort den Zwerg Bondur, der seine Haare nass macht. »Was tust du da?«, fragt Minko.

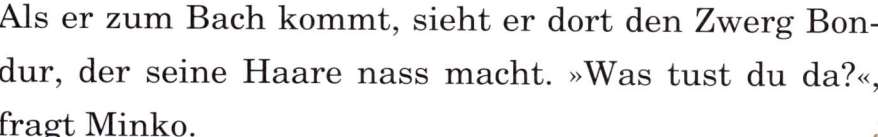

»Ich will, dass meine Haare hochstehen«, sagt Bondur. Er nimmt einen Tannenzapfen und wickelt die nassen Haare darum. »Wenn man hochstehende Haare hat, sieht man größer aus.«

Das wusste Minko nicht. Und er ist froh, dass er gar keine Haare hat, denn er sieht ja wirklich schon groß genug aus.

Bondur zeigt auf sein gestreiftes Hemd und erklärt: »Mit einem gestreiften Hemd sieht man auch größer aus.« Dann bindet er sich Holzstücke unter die Schuhe und läuft damit ein paar Schritte hin und her.

»Warum machst du das alles?«, fragt Minko.

»Na, wegen dem Kostümfest!«, ruft Bondur.

Minko schaut Bondur an und überlegt. »Gehst du als gestreifter Holzbein-Kobold?«

Verärgert schüttelt Bondur seinen Kopf mit den hochstehenden Haaren. »Als Kobold? Spinnst du? Ich gehe als Riese, das sieht man doch gleich!«

»Ach so«, sagt Minko, und er versucht, nicht laut zu lachen.

Lieber geht er weiter durchs Land, auf der Suche nach einem richtig guten Kostüm. Am Waldrand trifft er den Riesen Wollbin. Auch Wollbin macht heute seltsame Dinge. Er bindet sich seine Schuhe um die Knie!

»Soll das auch eine Verkleidung sein?«, fragt Minko.

»Ja!«, ruft Wollbin stolz. Er kniet sich auf die Erde. Mit den Schuhen an den Knien sieht es so aus, als ob seine riesenlangen Beine nur noch halb so lang wären. Dann setzt er eine rote Zipfelmütze auf. »Und? Wer bin ich?«, fragt Wollbin.

Minko denkt nach. »Vielleicht ein krabbelnder Weihnachtsmann?«

»Quatsch!«, ruft Wollbin. »Ich bin ein Zwerg!«

Da muss Minko lachen. Dieses Jahr wird das Kostümfest wirklich verrückt. Die Zwerge gehen als Riesen und die Riesen als Zwerge.

»Beim Kostümfest ist eben alles erlaubt«, sagt Wollbin. »Und ich wollte schon immer mal so klein sein wie ein Zwerg.«

Das kann Minko verstehen. Er wäre auch gerne mal ganz klein. Und zart und leicht. So wie die Fee Sambalda. Plötzlich springt Minko auf. Er hat eine Idee, eine tolle Idee! Auf dem schnellsten Wege eilt er zu Sambalda, die schon aussieht wie ein Frosch. »Du musst mir helfen!«, ruft Minko. »Ich will mich als Fee verkleiden.«
Erst findet Sambalda, dass das eine komische Idee ist. Aber dann hilft sie Minko. Sie malt bunte Blumen auf seine Drachenflügel. Dazu kriegt Minko noch ein flatterndes hellblaugrünes Kleid und einen Veilchenkranz auf den Kopf.

Als sie fertig sind, sagt Sambalda: »Was bist du für eine wundervolle, fantastische Fee!«

Am Abend gehen sie gemeinsam zum Kostümfest. »Wer ist denn die große Fee neben dem Frosch?«, fragen die Leute.

»Ich bin es: Minko!«, ruft Minko stolz. Und er tanzt einen verrückten Feendrachen-Tanz.

Die anderen lachen. Sie lachen auch über die Dinosaurierdrachen, über die Riesenzwerge und die Zwergenriesen. Und alle tanzen mit. Dieses Jahr ist das Kostümfest wirklich lustig.

Zauber zum Geburtstag

Heute wird Wigmar sechs Jahre alt. Zur Geburtstagsparty kommen seine besten Freunde: Thoralf und Frolinde. Die Feier im Garten von Wigmars Familie ist lustig. Sie spielen Tauchen im Stroh und Wettpurzeln.

Danach essen sie Knackwürstchen, die sie selbst über dem Feuer grillen.

Und zum Nachtisch gibt es noch Himbeermus für die Kinderbäuche, die vom Purzeln und Lachen schon ganz durcheinander sind.

Da kommt die alte Hexe und krächzt: »Hallo, Wigmar!« Sie hat einen langen schwarzen Umhang an, um ihren Hals hängt eine Kette aus Stachelsteinen, und auf ihrer rechten Stiefelspitze sitzt ein Hamster.

Wigmar ruft: »Hallo, Hexe! Willst du Himbeermus?« Wigmar hat gar keine Angst vor der Hexe. Sie sieht zwar unheimlich aus, aber sie ist wirklich nett, und sie kann ein paar gute Zaubertricks.

»Ich habe eine Geburtstagsüberraschung«, sagt die Hexe. »Ihr dürft euch etwas wünschen.«

Vor Freude springen die Kinder mit ihren vollen Bäuchen in die Luft. Während die Hexe das Himbeermus probiert, stecken Wigmar, Frolinde und Thoralf ihre Köpfe zusammen und überlegen sich einen Wunsch.

Dann sagen sie: »Wir wollen gerne richtige Drachenkostüme haben. Dann können wir als Nächstes Drachenkampf spielen.«

»Kein Problem«, krächzt die Hexe. Sie nimmt ihre Stachelsteinkette vom Hals, schüttelt sie in ihren Händen und murmelt: »Für die Kinder Drachensachen – das kann schönes Lachen machen.«

Dann wirft sie die Kette in die Luft. Es ertönt ein lauter Knall, und den Kindern wird schwindelig.

»Wo sind wir?«, fragt Thoralf. Er reibt sich die Augen. Wigmar und Frolinde schauen sich um. Alles sieht ganz anders aus. Sie sitzen auf der Spitze eines Berges. Der Garten von Wigmars Familie, in dem sie eben noch waren, ist verschwunden. Nur die Kleidung der Kinder ist noch die alte.

»Wo sind unsere Drachenkostüme?«, fragt Frolinde.

»Es ist ein Fehler passiert!«, glaubt Wigmar. »Die Hexe hat uns keine Drachenkostüme gehext.«

»Sie hat uns weggehext«, sagt Thoralf. »Und zwar auf den Drachenberg.«

»Was?«, rufen Frolinde und Wigmar erschrocken. Aber da erkennen sie es selbst. Der Berg mit dem Kastanienwald, das ist der Drachenberg. Die Kinder waren noch nie dort, weil es heißt, dass hier die Drachen leben.

Wigmar springt auf. »Ich will nach Hause!« Er rennt los, die Wiese hinunter, auf den Kastanienwald zu. Frolinde und Thoralf laufen ihm hinterher.

Alle wollen ganz schnell weg vom Drachenberg, auf dem die Drachen leben sollen, die ihnen jeden Moment über den Weg laufen können!

Die Kinder rennen und rennen, immer weiter bergab. Als sie aus dem Kastanienwald wieder herauskommen und das Tal erreichen, haben sie es fast geschafft! Der Rest des Weges ist nicht mehr gefährlich, denn es heißt, dass die Drachen immer auf ihrem Berg bleiben.

Doch als Thoralf, Frolinde und Wigmar wieder nach Hause kommen, erwartet sie dort etwas Unglaubliches. Im Garten von Wigmars Familie sind – drei Drachen! Sie sind so groß, dass sie den ganzen Garten ausfüllen. Trotzdem gehen sie hin und her, und es herrscht ein ziemliches Gedränge. Einer der Drachen isst das Himbeermus auf, ein anderer wirft das Stroh durcheinander. In der Mitte des Gartens steht die Hexe, die immer wieder ihre Stachelsteinkette in die Luft wirft und dabei Sprüche aufsagt.

»Kinder! Da seid ihr ja!«, ruft sie erleichtert. »Ich fürchte, ich habe einen Fehler gemacht. Plötzlich wart ihr weg, und stattdessen standen diese Drachen im Garten.«

»Du musst sie zurückhexen!«, sagt Frolinde.

Aber die Hexe rauft sich verzweifelt die Haare. »Es klappt nicht!«

Da macht Wigmar das Gartentor auf. Er winkt den Drachen und zeigt ihnen den Weg nach draußen. Langsam stapfen die Drachen durchs Gartentor. Der erste Drache geht nach links, der zweite nach rechts, und der dritte dreht sich auf der Stelle im Kreis.

»Sie finden den Weg nicht«, seufzt Thoralf.

»Kein Wunder«, meint Frolinde. »Sie waren doch noch nie hier. Sie waren immer nur auf ihrem Berg.«

Wigmar überlegt. »Ob sie es verstehen, wenn wir ihnen den Weg erklären?«

Aber da hat Thoralf eine bessere Idee: »Wir zeigen ihnen den Weg!«

Die drei Kinder laufen los und sammeln die Drachen wieder ein. Das ist auch höchste Zeit, denn die Drachen richten ein großes Chaos an.

Immer wieder rufen die Kinder: »Kommt, Drachen! Kommt!«

Als die Drachen verstehen, dass die Kinder ihnen helfen, folgen sie ihnen brav.
So marschiert die ganze Truppe bis zum Drachenberg. Am Kastanienwald bleiben die Kinder stehen.
»Den Rest des Weges findet ihr alleine«, sagt Wigmar.
»Tschüss!«, rufen Frolinde und Thoralf.
Die Drachen freuen sich, weil sie ihren schönen Berg wiedererkennen. Zum Dank speien sie ein paar Flammen. Dann stapfen sie zufrieden in den Wald. Die Kinder winken, bis die Drachen zwischen den Kastanienbäumen verschwunden sind.

Luziana ist verliebt

Luziana, das Drachenmädchen mit den gelben Flügeln, liegt auf der grünen Wiese. Sie träumt. Sie träumt von Ronaldo, dem schönsten Drachenjungen im ganzen Drachenland. Ronaldo mit dem süßen Lächeln und den grünen Flügeln. Es gibt nichts, was Luziana lieber täte, als einmal mit Ronaldo zusammen übers Land zu fliegen.

Luziana seufzt. Nun liegt sie schon ewig hier auf der Wiese herum. Sie müsste doch nur zu Ronaldo gehen und ihn fragen. Aber sie traut sich einfach nicht. Stattdessen schaut sie immer nur zum Birkenberg rüber, wo Ronaldo, der Drache mit den schönen grünen Flügeln, seine Höhle hat.

Was ist das? Da unten im Tal bewegt sich etwas. Luziana guckt genau hin, und da erkennt sie einen Ritter auf seinem Pferd. Er reitet am Fluss entlang, auf den Birkenberg zu. Normalerweise macht es Luziana großen Spaß, die Ritter zu erschrecken. Die ziehen dann nämlich immer ihre Schwerter heraus und versuchen, die Drachen damit zu piksen. Das finden die Drachen lustig, weil es so kitzelt.

Aber heute will Luziana nicht mit dem Ritter spielen. Sie hat eine andere Idee. Langsam steht sie auf und stapft mit ihrem schweren großen Körper den Hügel hinunter, bis zum Fluss. Dort stellt sie sich dem Ritter mitten in den Weg.

»Hilfe! Ein Drache!«, schreit der Ritter. Hektisch greift er nach seinem Schwert und zieht es heraus. Sein Pferd bäumt sich auf, und die Ritterrüstung klappert laut.

»Ist ja gut«, sagt Luziana. »So beruhige dich doch.«

»Tu mir nichts! Bitte!«, stammelt der Ritter. »Ich habe ein Schwert! Wenn du mir etwas tust, dann bekämpfe ich dich mit meinem Schwert und werde ein Held und heirate die Prinzessin und . . .«

Luziana unterbricht ihn. »Ruhe!«, sagt sie. Da hält der Ritter sofort seinen Mund.

»Reitest du zum Birkenberg?«, fragt Luziana. Der Ritter nickt ängstlich.

»Kennst du die Höhle von Ronaldo?«

»Ronaldo?« Vor Schreck klappert der Ritter wieder laut mit seiner Rüstung. »Der gefährliche riesige Monsterdrache?«

»He!«, ruft Luziana verärgert. »Sag nichts gegen Ronaldo!«

Der Ritter ist sofort wieder ruhig. Und Luziana erklärt ihm ihre Idee. Sie will, dass der Ritter zu Ronaldo reitet und ihn fragt, ob er Lust hat, mit Luziana übers Land zu fliegen.

»Warum fragst du ihn nicht einfach selber?«, will der Ritter wissen.

Luziana weiß nicht, was sie antworten soll. Da fängt der Ritter an, zu lachen. »Ach so!«, ruft er. »Du bist verliebt! Verstehe!« Er lacht so sehr, dass seine Rüstung klappert.

Aber als Luziana wütend mit dem Fuß auf die Erde stampft, ist er wieder still. »Soll ich für Ronaldo auch ein Lied singen?«, fragt er. »Wenn wir Ritter verliebt sind, dann singen wir immer ein Lied. Unter dem Fenster der Prinzessin.«

»Hm«, macht Luziana. Sie überlegt. Dann sagt sie: »Gut, sing ein Lied. Aber ein schönes.«

Der Ritter greift nach den Zügeln und treibt sein Pferd an. In schnellem Galopp reitet er am Fluss entlang, bis zum Birkenberg.

Die Höhle von Ronaldo findet er schnell, denn Ronaldo liegt mit seinen grünen Flügeln direkt davor auf der Wiese. Als er den Ritter kommen sieht, kriegt er große Augen. Aber da fängt der Ritter schon an, zu singen:
»Oh, Ronaldo, schönster aller Drachen,
willst du nicht was Wunderbares machen?
Mit Luziana durch die Gegend fliegen,
statt hier faul und träge rumzuliegen?«
Ronaldo richtet sich auf. »Hat Luziana dich geschickt?«, fragt er. »Die mit den schönen gelben Flügeln?«

»Ja, genau die«, sagt der Ritter.

»Warum ist sie nicht selber gekommen?«, fragt Ronaldo.

»Sie traut sich nicht«, sagt der Ritter. Er zwinkert Ronaldo mit einem Auge zu. »Du verstehst schon.«

Da lächelt Ronaldo, und er lächelt wirklich wunderschön. Elegant schwingt er seine grünen Flügel durch die Luft. »Vielen Dank, Ritter!«, ruft er.

Luziana liegt wieder auf ihrer Wiese und schaut zum Birkenberg hinüber. Sie sieht etwas in der Luft. Es wird größer und größer, und dann erkennt sie, dass das Ronaldo ist, der zu ihr fliegt. Vor Freude springt Luziana hoch. Sie schlägt mit ihren gelben Flügeln und schwebt durch die Lüfte, um Ronaldo zu begrüßen.

Den Rest des Tages fliegen die beiden gemeinsam übers Land. Sie fliegen nebeneinander und umeinander herum, und die Hügel und Täler unter ihnen leuchten im Sonnenschein. Als sie den Fluss überqueren, sehen sie dort unten den Ritter auf seinem Pferd. Ronaldo und Luziana winken ihm zu und machen einen Doppelsalto. Und ganz leise hört Luziana dort oben in den Wolken noch das Klappern der Ritterrüstung.

Die Drachen beim Burgfest

In zwei Tagen soll auf Burg Wolkenstein ein großes Fest stattfinden. Die Burgbewohner backen schon Kuchen, machen Würstchen und rühren Limonade an. Prinzessin Rosalie schmückt die Burgmauer mit einer Girlande aus dreihundert bunten Pappmännchen.

Als der Drache Karlos heute seine Runde übers Land dreht, sieht er die bunte Girlande. Die gefällt ihm gut. Und weil er sie sich sehr gerne mal aus der Nähe ansehen würde, fliegt er zur Burg hinüber.

Die Leute lassen vor Schreck ihre Töpfe fallen und die Limonade übersprudeln. Da landet ja ein echter Drache in ihrem Burghof! »Tu uns nichts!«, rufen sie. »Bitte, Drache!« Karlos beachtet sie gar nicht. Er stapft zur Burgmauer und guckt sich die schöne Girlande an.

Da zittern die Burgbewohner. »Er wird uns auffressen«, flüstern sie. Die Königin kommt aufgeregt in den Hof gelaufen. Sie schnappt sich einen frisch gebackenen Kuchen und hält ihn Karlos vor die Nase. »Wir müssen ihn besänftigen«, erklärt sie. »Dann tut er uns nichts.«
Karlos isst den Kuchen mit einem Happs auf, und er schmeckt ihm gut. Nun reichen ihm die Burgbewohner noch Würstchen und Törtchen. Karlos kann viel essen, aber so viel auch wieder nicht. Da packen die Leute die Sachen in einen Korb und hängen ihn Karlos um den Hals.
Am Abend fliegt Karlos mit den Geschenken zum Drachenberg zurück. Die anderen Drachen probieren das gute Essen und sind begeistert.

Sie beschließen, dass Karlos am nächsten Tag wieder hinfliegen und leckeres Essen abholen soll.

So macht sich Karlos am folgenden Morgen wieder auf den Weg. Er fliegt zur Burg und landet mitten im Burghof. »Hilfe!«, rufen die Burgbewohner. »Er ist zurückgekommen!« Ohne zu zögern, nehmen sie den großen Schweinebraten, drei Fässer mit Limonade, zwei Säcke voller Bonbons und den Bottich mit Erdbeerpudding. Alles wird Karlos um den Hals gehängt.

Als Karlos wieder zurückfliegt, kommt er kaum in die Luft. So schwer ist das ganze Zeug. Der Weg bis zum Drachenberg ist sehr anstrengend. Karlos schlägt mit den Flügeln so kräftig, wie es geht, und als er ankommt, ist er völlig erschöpft. Die anderen Drachen freuen sich. Sie essen alles auf und strecken sich für ein Verdauungsschläfchen aus. Sie sagen: »Mal sehen, was es morgen Schönes gibt.« Damit Karlos nicht wieder so viel schleppen muss, sollen ein paar Drachen mitkommen und ihm beim Tragen helfen.

Am nächsten Morgen brechen die drei kräftigsten Drachen mit Karlos auf. Sie fliegen direkt zur Burg und landen im Burghof. Doch heute ist niemand da.

»Wo ist das Essen?«, fragen die Drachen ungeduldig. Karlos schaut sich in dem grauen Burghof um, der ohne die kuchenbackenden Menschen ganz traurig aussieht.

Da sieht er etwas Kleines oben auf der Burgmauer. Es ist die Prinzessin, die ihre bunte Girlande abhängt.

»Aber nein!«, ruft Karlos. »Lass doch die schöne Girlande hängen!«

»Wir brauchen sie nicht mehr«, erklärt Prinzessin Rosalie. »Ich habe sie gebastelt für das Fest, das heute stattfinden sollte. Aber es fällt aus.«

»Warum das denn?«, fragt Karlos.

»Weil wir nichts mehr zu essen haben! Weil ihr Drachen alles aufgefressen habt!«, ruft Prinzessin Rosalie wütend.

Vorsichtig fragt Karlos die Prinzessin: »Können denn die Leute keine neuen Kuchen backen?«

»Sie haben keine Lust mehr«, sagt Prinzessin Rosalie. »Weil ja nachher doch wieder alles bei den Drachen landet.«

Karlos verspricht, dass die Leute von nun an ihr Essen behalten dürfen. Die drei kräftigen Drachen gucken ihn erstaunt an. Aber die Prinzessin zuckt nur mit den Schultern.

»Das Fest fällt trotzdem aus«, sagt sie. »Die Leute haben sich versteckt. Sie denken, wenn ihr Drachen keine Geschenke bekommt, dann fresst ihr sie auf. Sie haben Angst vor euch.«

Das finden die Drachen schlimm. Sie stecken ihre großen Köpfe zusammen und schmieden einen Plan. Dann fliegen die drei kräftigen Drachen los. Der erste holt Fische aus dem See. Der zweite holt Honig, um neue Kuchen zu backen. Der dritte schüttelt ein paar Obstbäume und kommt mit einer Tonne Äpfel und Birnen zurück, aus denen neue Limonade gemacht wird. Karlos bleibt solange bei der Prinzessin und hilft ihr, die Girlande wieder aufzuhängen.

Nach und nach kommen die Burgbewohner aus ihren Verstecken. Sie staunen über die Drachen, die ihnen so viele Geschenke bringen. Karlos speit ein kleines Feuer,

auf dem die Fische gegrillt werden. Das riecht so köstlich, dass immer mehr Leute in den Hof kommen.
Am Abend gibt es ein großartiges Fest. Die Drachen essen nur ein kleines bisschen, und die Burgbewohner schlagen sich die Bäuche voll. Die Kinder dürfen auf den Rücken der Drachen um die Burg herumfliegen. Und Karlos sitzt mit Prinzessin Rosalie auf der Burgmauer. Sie basteln zusammen eine Girlande aus Pappdrachen.

Überraschung bei Vollmond

Immer, wenn Vollmond ist, kann der Drache Luigi nicht schlafen. Da wacht er alle paar Minuten wieder auf.

»Es liegt am Vollmond«, sagen die Feen. »Denn er scheint so hell.« Aber in Luigis Höhle ist es dunkel. Er kann sich nicht vorstellen, dass das bisschen Mondlicht ihn ständig weckt.

Auch die Kobolde glauben, dass es am Vollmond liegt. Sie sagen: »Bei Vollmond hat man schlechte Träume.« Aber beim letzten Vollmond hat Luigi von schönen Drachenflügen geträumt. Darum hat er sich auch besonders geärgert, als er mitten im Traum plötzlich aufgewacht ist.

Heute Nacht ist wieder Vollmond. Und Luigi hat einen Plan. In dieser Nacht will er nicht schlafen und sich dauernd wieder wecken lassen.

Nein, in dieser Nacht will er wach bleiben und aufpassen. Er hat extra einen Mittagsschlaf gemacht, damit er auf keinen Fall müde wird.

Am Abend setzt er sich in seine Höhle und wartet. Durch den Höhleneingang kann er nach draußen schauen, über das Land, in dem alle anderen ins Bett gegangen sind. Das Land sieht schön aus, denn der Vollmond scheint silbern darauf.

Luigi seufzt. Alles ist so ruhig und friedlich, da kann man ganz müde werden. Die Augen könnten einem zufallen. Luigi kneift seine Augen zusammen und reißt sie wieder auf. Nein, er darf jetzt nicht einschlafen!

Es wird später und später. Um Mitternacht fliegt ein Schwarm Fledermäuse durchs Tal.

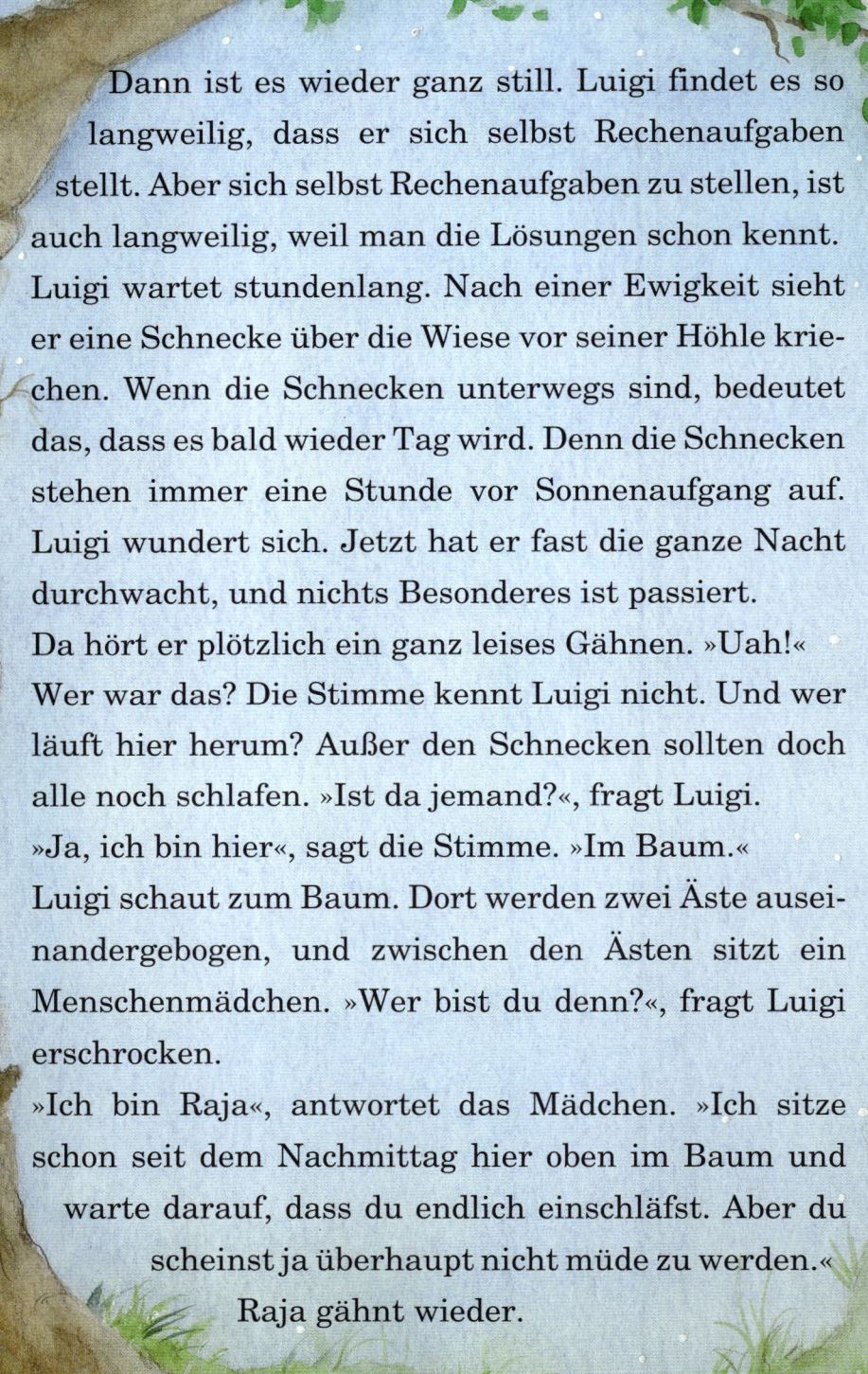

Dann ist es wieder ganz still. Luigi findet es so langweilig, dass er sich selbst Rechenaufgaben stellt. Aber sich selbst Rechenaufgaben zu stellen, ist auch langweilig, weil man die Lösungen schon kennt. Luigi wartet stundenlang. Nach einer Ewigkeit sieht er eine Schnecke über die Wiese vor seiner Höhle kriechen. Wenn die Schnecken unterwegs sind, bedeutet das, dass es bald wieder Tag wird. Denn die Schnecken stehen immer eine Stunde vor Sonnenaufgang auf. Luigi wundert sich. Jetzt hat er fast die ganze Nacht durchwacht, und nichts Besonderes ist passiert.

Da hört er plötzlich ein ganz leises Gähnen. »Uah!« Wer war das? Die Stimme kennt Luigi nicht. Und wer läuft hier herum? Außer den Schnecken sollten doch alle noch schlafen. »Ist da jemand?«, fragt Luigi.

»Ja, ich bin hier«, sagt die Stimme. »Im Baum.«

Luigi schaut zum Baum. Dort werden zwei Äste auseinandergebogen, und zwischen den Ästen sitzt ein Menschenmädchen. »Wer bist du denn?«, fragt Luigi erschrocken.

»Ich bin Raja«, antwortet das Mädchen. »Ich sitze schon seit dem Nachmittag hier oben im Baum und warte darauf, dass du endlich einschläfst. Aber du scheinst ja überhaupt nicht müde zu werden.«

Raja gähnt wieder.

Luigi gähnt auch. »Und warum wartest du, bis ich einschlafe?«, fragt er.
»Ich brauche Wasser aus der Quelle in deiner Höhle«, erklärt Raja. »Bei uns im Dorf blühen die Blumen nicht mehr. Und die Hexe hat gesagt, dass wir bei Vollmond Wasser aus der Drachenhöhle besorgen müssen. Damit sollen wir die Blumen gießen, damit sie wieder blühen.«
»Dann musst du dich aber beeilen«, sagt Luigi. »Bald geht die Sonne auf, die Schnecken sind schon unterwegs.« Er rutscht zur Seite, damit Raja durch den Höhleneingang kommen kann.

Raja springt vom Baum. Aus ihrer Tasche holt sie eine leere Flasche. Sie kommt in die Höhle, und Luigi zeigt ihr die Quelle. Als Raja die Flasche mit dem Wasser gefüllt hat, schraubt sie sie zu. »Du bist ja gar nicht böse«, sagt sie zu Luigi.

»Warum sollte ich böse sein?«, fragt Luigi.

»Die Menschen haben Angst vor dir. In den letzten Vollmondnächten ist es ihnen nicht gelungen, das Wasser zu holen. Immer, wenn sie sich an dir vorbeischleichen wollten, bist du aufgewacht. Dann sind sie vor lauter Angst zurück ins Dorf gelaufen.«

Auf einmal ist Luigi hellwach. »Die Menschen waren hier?«, fragt er. »Bei Vollmond?«

Raja nickt. »Ja, fünf Männer aus unserem Dorf.«

»Die haben mich geweckt!«, ruft Luigi aufgeregt. Jetzt wird ihm klar, warum er in den Vollmondnächten nie schlafen konnte.

Raja lacht. »Aber das sage ich doch! Heute Nacht haben sie mich geschickt, weil ich weniger Krach mache als fünf Männer. Sie haben gesagt, ich soll barfuß gehen und ganz leise sein und unbedingt warten, bis du eingeschlafen bist.«

Da muss Luigi auch lachen. »Steig auf, ich bringe dich nach Hause.« Raja klettert auf Luigis Rücken. Gemeinsam fliegen sie zum Dorf.

Als sie über den Dächern der Häuser schweben, geht die Sonne auf. Raja schraubt die Flasche auf, und Luigi fliegt ganz niedrig über die Gärten hinter den Häusern. Von oben gießt Raja auf alle Blumen ein bisschen von dem Drachenhöhlenwasser. Und eine nach der anderen öffnen die Blumen ihre bunten Blütenblätter.

Als die Flasche leer ist, landet Luigi vor Rajas Haus. Raja klettert von seinem Rücken. »Danke, lieber Drache!«, ruft sie zum Abschied. Sie winkt ihm, bis er nicht mehr zu sehen ist.

Luigi kehrt auf direktem Weg zu seiner Höhle zurück. Noch während er sich zusammenrollt, fallen schon seine Augen zu. Er schläft ganz tief und ganz lange und träumt von Raja und Blumen und Schnecken.

Rettung vor dem Wolf

Im Sommer hütet Lara die Schafe. Morgens geht sie mit ihnen den Berg hinauf, den ganzen Tag über fressen die Schafe Gras, und abends gehen sie alle zusammen wieder den Berg hinunter. Lara guckt gerne den Schafen beim Grasfressen zu. Wenn die Schafe müde sind, machen sie ein Schläfchen. Dann lehnt Lara sich an einen der warmen, weichen Schafrücken und träumt ein bisschen.

Heute schlummert sie beim Träumen ein. Als sie wieder aufwacht, reibt sie sich die Augen. Die Sonne steht hoch am Himmel.

Lara schaut, ob alle Schafe noch da sind. Zwölf müssen es sein. Lara zählt, aber sie findet nur elf.

Wo ist das letzte Schaf?

Lara läuft den Hügel hinauf.

Vom Schaf ist nichts zu sehen. Da geht Lara in den Wald. Vielleicht hat es sich ja dort verlaufen.

Der Wald ist dicht und dunkel. Hohe Tannen und breite Buchen stehen nah beieinander. Der Wind rauscht in den Blättern, und im Laub raschelt es unheimlich. Lara war noch nie alleine im Wald. Sie denkt an das kleine verlorene Schaf. Hoffentlich hat es keine Angst!

Als Lara eine Schlucht durchquert und einen Felsen erklommen hat, erreicht sie eine Höhle. Es ist sehr gruselig, aber Lara nimmt all ihren Mut zusammen. Es könnte doch sein, dass das kleine Schaf sich dort untergestellt hat. Langsam nähert Lara sich dem Höhleneingang.

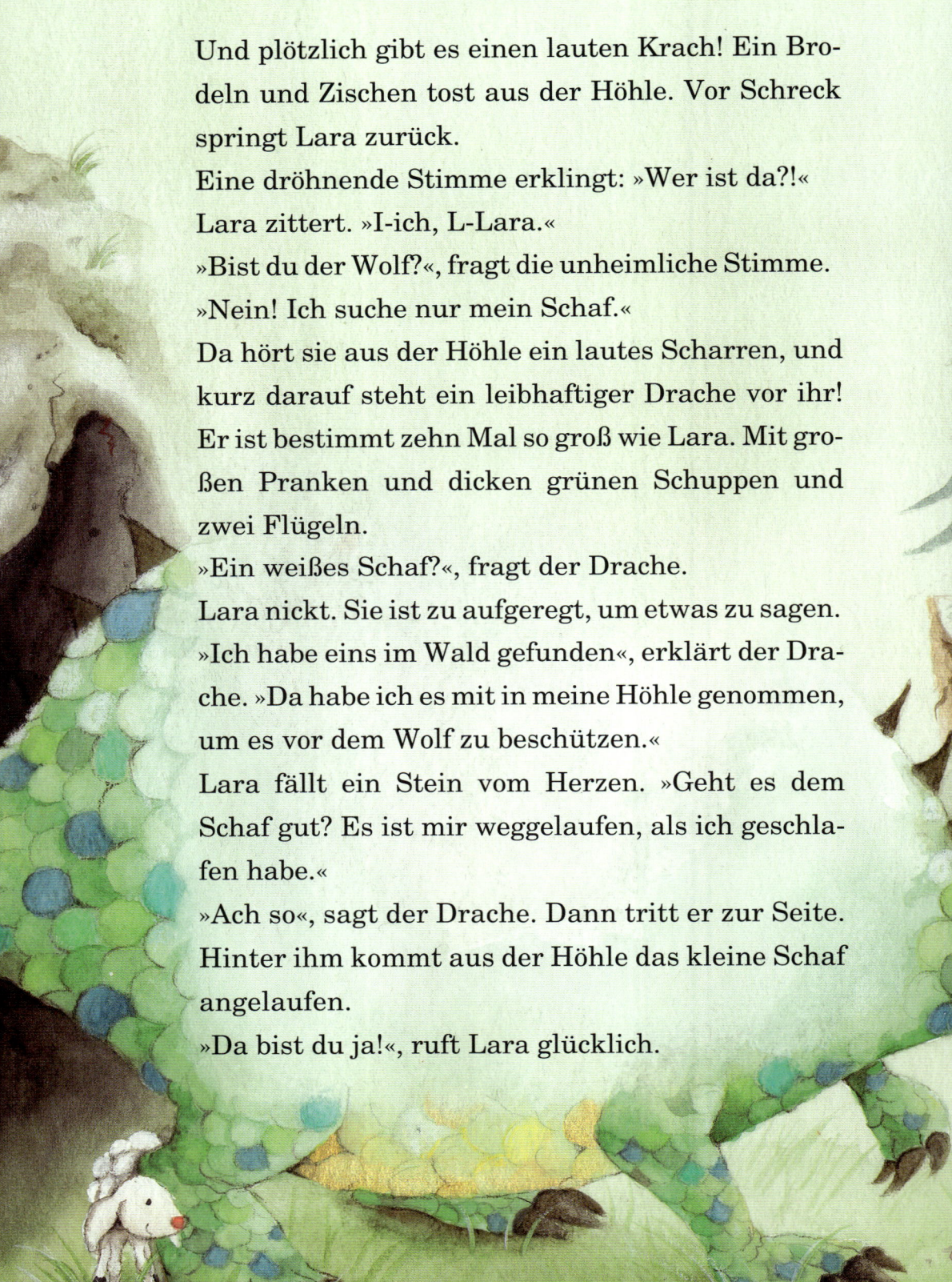

Und plötzlich gibt es einen lauten Krach! Ein Brodeln und Zischen tost aus der Höhle. Vor Schreck springt Lara zurück.

Eine dröhnende Stimme erklingt: »Wer ist da?!«

Lara zittert. »I-ich, L-Lara.«

»Bist du der Wolf?«, fragt die unheimliche Stimme.

»Nein! Ich suche nur mein Schaf.«

Da hört sie aus der Höhle ein lautes Scharren, und kurz darauf steht ein leibhaftiger Drache vor ihr! Er ist bestimmt zehn Mal so groß wie Lara. Mit großen Pranken und dicken grünen Schuppen und zwei Flügeln.

»Ein weißes Schaf?«, fragt der Drache.

Lara nickt. Sie ist zu aufgeregt, um etwas zu sagen.

»Ich habe eins im Wald gefunden«, erklärt der Drache. »Da habe ich es mit in meine Höhle genommen, um es vor dem Wolf zu beschützen.«

Lara fällt ein Stein vom Herzen. »Geht es dem Schaf gut? Es ist mir weggelaufen, als ich geschlafen habe.«

»Ach so«, sagt der Drache. Dann tritt er zur Seite. Hinter ihm kommt aus der Höhle das kleine Schaf angelaufen.

»Da bist du ja!«, ruft Lara glücklich.

Und sie nimmt das Schaf in ihre Arme. »Jetzt gehen wir schnell zurück zur Wiese und zu den anderen Schafen.«
Der Drache brummt unzufrieden. »Wollt ihr ganz alleine durch den Wald laufen?«, fragt er.
Lara zuckt mit den Schultern.
»Da komme ich lieber mit«, sagt der Drache. »Einer muss euch vor dem Wolf beschützen.«
Schon setzt er sich in Bewegung. Mit seinen großen Pranken trottet er über den Felsen und durch den Wald. Gleich hinter ihm läuft das kleine Schaf. Und als Letzte folgt ihnen Lara. So erreicht die ganze Gruppe schließlich unversehrt die grüne Wiese. Vor Freude laufen die anderen Schafe ihnen entgegen. Den Rest des Tages bleibt der Drache noch bei ihnen. Er sitzt mit Lara auf der Wiese, und sie erzählen sich Geschichten. Um sie herum weiden alle zwölf Schafe, die sich in Seelenruhe die Bäuche mit frischem Gras vollschlagen.

Lommi ärgert die Ritter

Der Drache Lommi liegt gemütlich in der Sonne, als plötzlich die Fee Grieta auf seinem Bauch landet.
»Lommi, Lommi! Ich brauche deine Hilfe!«, ruft sie aufgeregt.
»Hmm?«, macht Lommi. Er hat gerade so schön geträumt.
»Der König ist in Not. Er hat sich im Turm eingesperrt, und nun klemmt der Schlüssel.«
»Können die Ritter ihm nicht helfen?«, murmelt Lommi.
»Die Ritter sind alle schon am Burgturm. Sie rennen mit ihren Lanzen dagegen, um die Tür aufzubrechen. Dabei machen sie alles kaputt.«
»Und das will der König nicht?«, fragt Lommi.
Grieta schüttelt den Kopf. »Überhaupt nicht! Er will lieber, dass ich ihn mit einem Zauber befreie.«

Lommi streckt sich gemütlich aus. »Na, das ist doch auch gut. Dann befreie ihn mit einem Zauber.«

Grieta springt auf Lommis Rücken. »Du musst mitkommen, Lommi! Wenn die Ritter mich sehen, kann ich nicht zaubern. Niemand darf das sehen.«

»Soll ich etwa die Ritter ablenken?«, fragt Lommi.

»Genau das sollst du!«, ruft Grieta. Aufgeregt krabbelt sie über Lommis Rücken. »Komm, wir fliegen gleich los.«

Da bleibt Lommi nichts anderes übrig, als sich aufzurichten und mit Grieta auf dem Rücken loszufliegen. Mit Lommis großen Flügeln kommen die beiden gut voran. Bald erreichen sie die Burg. »Lande am besten auf der Burgmauer«, sagt Grieta. »Dann werde ich durch das kleine Fenster in den Turm schweben und den König mit einem Zauber befreien.«

Lommi landet vorsichtig auf der Burgmauer, so wie Grieta es sich gewünscht hat. In dem Moment, als sie aufsetzen, rennen die Ritter in den Burghof. Mit tosendem Geschrei stürmen sie zur Mauer. »Viel Spaß!«, flüstert Grieta. Und schon verschwindet sie durch das Fenster in den Turm.

Die Ritter stehen unten an der Mauer und heben ihre Lanzen in die Luft. Sie rufen: »Ein Drache! Dem werden wir es zeigen!« Lommi sitzt oben auf der Mauer und winkt zu ihnen hinunter.

»Hoho!«, rufen die Ritter. Und sie fuchteln noch heftiger mit ihren Lanzen. Lommi fliegt eine Runde über die Köpfe der Ritter hinweg. Dann setzt er sich auf den Brunnen.

»Unverschämtheit!«, sagen die Ritter. Sie blasen mit den Fanfaren zum Angriff und schlagen auf ihre großen Trommeln. Dazu stampfen sie laut mit ihren Rüstungen und rufen alle zusammen im Chor: »Wir werden den Drachen besiegen! Wir werden den Drachen besiegen!« Lommi streckt den Rittern die Zunge raus.

Da bricht bei den Rittern eine Unruhe aus, die man sich kaum vorstellen kann. Wie ein Bienenschwarm rennen sie durcheinander. Dann heißt es: »Auf in den Kampf!« Und sie stürmen allesamt auf den Brunnen zu. Doch kurz bevor sie ihn erreichen, fliegt Lommi wieder weg. Er schwebt über den Rittern, mal nach links, mal nach rechts. Und die Ritter laufen ihm hinterher. Dann hebt Lommi einen Ritter hoch und fliegt ein Stück mit ihm.

»Hilfe!«, ruft der Ritter. Da setzt Lommi ihn auf dem Burgdach ab.

Schon holt er sich den nächsten, den er zum Pferdestall trägt. Ein anderer Ritter wird von Lommi zum Burggraben gebracht, und so geht es weiter, bis alle Ritter kreuz und quer verteilt sind. Das macht Lommi großen Spaß! Nach einer Weile kommt der König aus dem Turm gelaufen. »Wo sind meine Ritter?«, ruft er.

Wenn der König wieder herumlaufen kann, dann ist Grieta wohl mit ihrer Zauberei fertig, denkt Lommi. Er fliegt zum Burgfenster, wo Grieta schon auf ihn wartet.

»Vielen Dank für deine Hilfe«, sagt sie, während sie auf Lommis Rücken klettert.

»Das habe ich doch gerne gemacht«, sagt Lommi. Als er davonfliegt, schaut er nach unten zur Burg, wo die Ritter wie Ameisen durcheinander in der Burg umherlaufen.

In der Drachenschule

Der kleine Drache Frans geht gerne in die Drachenschule. Er findet, dass alles kinderleicht ist, was man da lernt.

»Wie viel ist vier minus zwei?«, fragt der Drachenlehrer. Frans braucht nur eine Sekunde, um es auszurechnen. Vier ist die Zahl mit den Beinen, denn Frans hat vier Beine. Zwei ist die Zahl mit den Flügeln, von denen Frans nämlich nur zwei hat. Wenn man zwei Flügel von vier Beinen abzieht, bleibt eine Zwei übrig. »Zwei!«, ruft Frans. Und der Lehrer sagt: »Richtig, Frans.«

Schon kommt die nächste Aufgabe: »Acht plus drei.«

Für Frans ist das ein Kinderspiel. Er muss nur die acht Drachenkinder nehmen, die in seiner Klasse sind. Dazu packt man die drei Kobolde aus der Koboldfamilie, die bei Frans um die Ecke wohnt.

Dann muss man nur noch alles zusammenzählen. Frans stellt sich alle Kobolde und alle Drachenkinder in einer Reihe vor. Das ist eine komische Vorstellung. Die Kobolde in der Schulklasse? Die würden gar nicht in einer Reihe stehen, die würden auf die Tafel klettern und Pausenbrote klauen.

»Na, Frans?«, fragt der Lehrer. »Was macht acht plus drei?«

Frans denkt ganz angestrengt nach. Aber es geht nicht. Wenn er sich Drachenkinder und Kobolde zusammen vorstellt, kann er nicht zählen. Also steht Frans auf, geht zum Fenster und springt raus.

»Frans, bleib hier!«, ruft der Lehrer. Aber Frans fliegt einfach weg.

In der nächsten Stunde lernen die Drachenkinder schreiben. Sie üben das »E« und das »B«. Als der Lehrer gerade dabei ist, ein großes »E« an die Tafel zu malen, landet auf dem Fensterbrett der kleine Drache Frans. Auf seinem Rücken sitzen die drei Kobolde.

»Jetzt kann ich rechnen«, sagt Frans. »Bitte alle aufstehen und in eine Reihe stellen! Die Drachenkinder nebeneinander und daneben die Kobolde.«

Die Drachenkinder machen, was Frans sagt, und in der Klasse entsteht ein heilloses Durcheinander. »Ruhe!«, ruft der Lehrer. »Hinsetzen!«

Aber es ist schon zu spät, denn die Kobolde klettern auf die Tafel und wischen das »E« wieder ab.

Frans zeigt den Drachenkindern, wie sie sich alle in eine Reihe stellen sollen.

Dann beginnt er, zu zählen. Erst zählt er die drei Kobolde, das macht drei. Weiter geht es mit den Drachenkindern: »Vier, fünf, sechs . . .« Als Frans alle gezählt hat, zählt er auch sich selbst mit. Das macht elf. »Elf!«, ruft Frans stolz.

»Ja, richtig«, sagt der Lehrer, der gerade einem Kobold ein Pausenbrot wegnimmt. »Aber wir rechnen doch gar nicht mehr. Wir schreiben!«

Schreiben? Schreiben findet Frans kinderleicht. Die Zahl Elf beginnt mit einem »E«. Das ist der Buchstabe, bei dem man nur einen Tisch umdrehen muss, sodass die Tischbeine zur Seite zeigen. Frans nimmt einen Tisch, dreht ihn um, geht zur Tafel und malt den umgedrehten Tisch ab. Dann macht er noch in der Mitte einen Strich, und fertig ist das »E«.

Die Kobolde wollen gerne mitmachen, darum zeigen sie Frans die übrigen Buchstaben. Ein Kobold stellt sich auf die Schultern eines anderen, und der dritte legt sich vor ihnen auf den Boden. Es sieht aus wie ein »L«. Frans guckt sich das an und malt ein »L« an die Tafel.

Dann strecken die beiden Kobolde, die übereinanderstehen, ihre Arme nach vorne. Sie bilden einen senkrechten Strich und zwei Querstriche. Da malt Frans ein »F« an die Tafel.

»Elf!«, ruft Frans und zeigt stolz auf die Tafel. »Ich habe ›ELF‹ geschrieben!«

Der Lehrer lässt sich erschöpft auf einen Stuhl sinken. »Ja, richtig«, murmelt er müde.

In dem Moment läutet die Schulglocke. »Oh, schon Schulschluss!«, ruft Frans.

Er nimmt die drei Kobolde auf seinen Rücken und klettert auf das Fensterbrett. »Tschüss, Herr Lehrer!« Die Kobolde und Frans winken.

Dann heben sie ab und fliegen davon. Frans freut sich schon auf morgen, wenn er wieder in die Schule fliegen kann, um lauter kinderleichte Sachen zu lernen.

Ein Feuer in den schönsten Flammenfarben

Das kleine Drachenmädchen Enna steht auf dem Platz vor der Höhle. Papa, Mama, Oma und ihre beiden Brüder stehen im Kreis um sie herum.
»Mach ein Feuer, Kindchen!«, sagt Oma.
»Los, Enna! Lass es zischen!«, rufen die Brüder.
Mama erklärt: »Erst im Bauch die Wärme spüren, dann Kraft sammeln, Wärme in den Kopf, Nase kribbeln lassen, Nüstern aufklappen – und mit einem schönen ›Grrr‹ einfach locker das Feuer aus dir herauslassen.«
Enna macht alles, was Mama beschrieben hat. Sie spürt auch eine Wärme in ihrem Bauch. Aber die Wärme will einfach nicht zu einem Feuer werden. Das ist schon seit Ennas Geburt so. Enna findet das nicht schlimm, aber ihre Familie macht sich große Sorgen.

Schon zum hundertsten Mal versuchen sie, Enna das Feuerspucken beizubringen.

»Mir fällt nichts mehr ein«, sagt Mama traurig. »Wir haben schon alles versucht.«

Da hat Papa noch einen neuen Vorschlag: »Wir können zum Zauberer gehen.«

Enna hat Angst vor dem Zauberer. Aber am nächsten Tag gehen Mama und Papa mit ihr los, weil jeder Drache Feuer spucken muss.

Der Zauberer wohnt in einem alten Pferdestall. Als er der Drachenfamilie das Tor öffnet, staunt Enna über seinen großen Hut. Der ist etwas Besonderes, denn auf der Hutkrempe sitzen lauter bunte Schmetterlinge. Manchmal fliegen sie eine Runde um den Kopf des Zauberers, dann setzen sie sich wieder auf die Krempe. Das findet Enna toll. Und sie hat nicht mehr so große Angst vor dem Zauberer.

Als Mama und Papa dem Zauberer das Problem erklärt haben, muss Enna ihr Maul weit, weit aufmachen. Der Zauberer schaut gründlich hinein und meint dann, dass alles in Ordnung ist. »Hm«, macht er und überlegt. Dann fragt er: »Wie ist das mit der Wärme, Enna? Spürst du sie in deinem Bauch?«

Enna nickt. »Ja, in meinem Bauch ist Wärme.«

»Warst du schon mal wütend?«, fragt der Zauberer.

»Wütend?«

»Ja, wütend. Das ist dieses Gefühl, wenn man vor Ärger laut schreien könnte.«

Enna versucht, sich zu erinnern. Aber eigentlich fällt ihr nichts ein. Manchmal ist sie genervt von ihren beiden Brüdern. Aber so richtig wütend, dass sie vor Ärger laut schreien könnte, war sie noch nie.

»So, so«, sagt der Zauberer. Er nimmt einen Schmetterling von seinem Hut und setzt ihn Enna auf den Kopf. Dann murmelt er: »Brodel, brodel – zisch, zisch! Knister, knister – flamm, flamm!« Er hebt den Schmetterling wieder von Ennas Kopf herunter und setzt ihn auf seinen Hut zurück. »Ihr könnt gehen. Der Zauber ist fertig.«

Ennas Eltern bedanken sich beim Zauberer, und sie fliegen schnell mit Enna zurück zur Höhle. Auf dem Platz vor der Höhle warten schon die Brüder und die Oma. Sie bilden einen Kreis um Enna und rufen: »Zeig uns, wie du Feuer spucken kannst!«

Enna steht in der Mitte. Sie spürt die Wärme in ihrem Bauch. Sie macht ein lautes »Grrr«. Aber aus ihren Nüstern kommt kein einziges Fünkchen.

»Mehr Kraft!«, ruft Papa.

»Mehr Kribbeln in der Nase!«, ruft Mama.

»Der Zauber hat nicht gewirkt«, sagt die Oma enttäuscht. Die Brüder laufen um Enna herum und speien angeberisch Feuer in die Luft. »Guck mal, so geht das!«, rufen sie.

Enna ist genervt von ihren Brüdern. Sie will in die Höhle gehen, aber die beiden stellen sich ihr in den Weg.

»Haha!«, lachen sie. »Enna kann kein Feuer machen! Enna ist zu blöd! Enna ist eine Tröte!«

So langsam ärgert Enna sich über ihre Brüder. Die beiden tanzen weiter um sie herum, und Ennas Ärger wird immer größer. »Könnt ihr mich nicht in Ruhe lassen?«, fragt sie.

»Nein!«, rufen die Brüder frech.

Da wird es Enna zu viel. Ihr Ärger ist riesengroß. Sie spürt es in ihrem Bauch, der sich schon ganz heiß anfühlt. Am liebsten würde Enna laut schreien.

Sie holt tief Luft, sie sammelt ihre Kraft. Die Wut kribbelt in ihrer Nase.

Und dann kommt ein Feuer aus Enna heraus. Ein wunderbares, loderndes Feuer in den schönsten Flammenfarben. Es ist so heiß, dass die Brüder vor Schreck zurückspringen.

»Oh!«, staunt die Oma begeistert.

»Toll, Enna!«, jubeln Mama und Papa.

Enna stellt das Feuer wieder ein. Sie fragt die Brüder: »Lasst ihr mich jetzt in Ruhe?« Die beiden versprechen es auf der Stelle. Da lacht Enna. Sie ist gar nicht mehr wütend. Aber das Feuerspucken macht Spaß. Und darum lässt sie gleich noch eine flotte Flamme in die Luft hochsteigen.

Lass uns eine Brücke bauen!

Die Drachenkinder Minki und Lauro spielen am Bach. Sie gucken den Fischen beim Schwimmen zu und lassen Blätter auf dem Wasser treiben.

»Komm, wir gehen mal ans andere Ufer«, schlägt Minki vor.

Aber Lauro schüttelt den Kopf. »Das Wasser ist zu kalt.«

»Wir können fliegen.« Minki möchte wirklich gerne ans andere Ufer.

Lauro sagt: »Wir haben gerade erst angefangen, fliegen zu lernen, und fallen dauernd runter. Ich habe keine Lust, in den kalten Bach zu fallen.«

»Wie bitte?«, ruft Minki empört. Lauro kann vielleicht noch nicht fliegen. Aber sie selbst, sie hat schon ganz viel geübt. Der Drachenlehrer hat sogar gesagt, dass sie fast so gut fliegen kann wie ein Schmetterling! Sie holt

tief Luft, baut sich stolz vor Lauro auf und sagt: »Wenn ich fliege, dann falle ich nicht in den Bach.«

Kaum hat sie das gesagt, reckt sie ihren Kopf hoch, stößt sich mit den Füßen ab und steigt in die Luft. Lauro schaut ihr ängstlich zu.

Minki schwebt höher und höher. Ihre Flügel flattern mit voller Kraft. Aus Spaß fliegt sie eine kleine Runde über Lauros Kopf. »Lass das!«, ruft Lauro, und er versteckt seinen Kopf unter den Pranken.

Minki fliegt weiter zum Bach. Bevor sie den Bach überquert, dreht sie sich noch mal zu Lauro um. »Tschüss, du Feigling!«, ruft sie ihm zu. Dann schwebt sie mit rasendem Flügelschlag über das Bachwasser.

Lauro ruft: »Fall nicht runter!«

Minki schaut hinunter auf den Bach. Natürlich wird sie nicht fallen. Dann würde sie ja in dieses eiskalte Wasser platschen. Brrr! Schon alleine bei der Vorstellung muss Minki sich schütteln.

Doch das Schütteln stört beim Fliegen. Minkis Flügelschläge sind durcheinandergeraten, jetzt fliegt sie aus Versehen zu stark nach links. Schnell reißt sie ihren Kopf nach rechts. Dabei dreht sich ihr Bauch zu weit nach oben, und ihre linke Pranke hebt sich über ihren Kopf. »Uah!«, ruft Minki. Ihr ist schwindelig. Mit aller Kraft dreht sie ihren großen runden Körper in der Luft, doch dabei vergisst sie, gleichzeitig mit den Flügeln weiterzuschlagen. Minki sinkt nach unten, immer weiter nach unten, so weit, bis ihre Zehen das eisig kalte Wasser berühren! Erst dann gelingt es ihr endlich, wieder mit den Flügeln zu schlagen, wieder in die Luft zu steigen und schließlich das andere Ufer zu erreichen. Puh, das war knapp!

Minki sitzt auf der weichen Wiese. Von der Aufregung muss sie sich erst einmal erholen. »Siehst du!«, ruft Lauro. »Das ist gar nicht so einfach!« Minki tut so, als ob sie es nicht gehört hat.

»Komm wieder zurück!«, ruft Lauro.

Minki schaut zu ihm hinüber. Er steht am anderen Ufer und winkt. Dazwischen ist der Bach mit dem eisig kalten Wasser. Da soll Minki noch mal drüberfliegen? Schon bei der Vorstellung muss sie sich schütteln.

»Ich habe Angst!«, ruft sie.

»Dann musst du für immer da drüben bleiben«, antwortet Lauro.

Minki wird ganz bange. Für immer? Bei dieser schrecklichen Vorstellung muss sie weinen. Kleine Drachentränen kullern auf ihre Pranken. Da hört sie plötzlich ein polterndes Geräusch. Sie schaut auf und sieht, dass Lauro am anderen Ufer einen Stein vor sich herrollt. Er gibt ihm einen kräftigen Tritt, sodass der Stein mit einem lauten Platsch mitten im Bach landet.

Aber er ist so groß, dass er nicht untergeht, sondern aus dem Wasser herausguckt.

Minki springt auf. Sie sucht auf ihrer Seite des Bachufers auch nach einem großen Stein. Als sie einen gefunden hat, rollt sie ihn mit aller Kraft zum Wasser. Platsch! Auch dieser Stein landet im Bach.

Die Abstände zwischen den Steinen sind nicht groß. Man kann von einem zum anderen hüpfen. Und das tut Minki jetzt. Hops, hops, hops – und sie ist am anderen Ufer. »Toll!«, ruft sie lachend.

Lauro lacht auch. Er hüpft zum anderen Ufer und dann schnell wieder zurück. »Wir brauchen gar nicht mehr zu fliegen«, sagt er.

»Nein«, ruft Minki. »Hüpfen geht auch!« Und sie hüpft gleich noch mal zum anderen Ufer.

Die Elfen kommen zu Besuch

»Knirsch!« Der große Drache Joris zuckt vor Schreck zusammen. Was war das für ein Geräusch? Vorsichtig schaut Joris sich um. Dann hebt er seine rechte Hinterpranke hoch. Oh nein! Joris ist auf das Elfenzelt getreten. Es ist niemandem etwas passiert, denn die Elfen waren nicht zu Hause. Aber das schöne Zelt ist ganz kaputt.

Joris überlegt, was er tun soll. Ein neues Zelt kann er nicht bauen. Dafür braucht man kleine flinke Finger, wie die Elfen sie haben. Joris denkt: Das Beste ist, wenn die Elfen erst mal bei mir unterkommen. Bis ein neues Zelt fertig ist, können sie in meiner Höhle schlafen.

Und er macht sich gleich auf den Weg, um seine Höhle aufzuräumen und für die Elfen ein schönes Essen herzurichten.

Als die Elfen am Abend zu ihrem Zelt zurückkommen, brechen sie in große Verzweiflung aus. »Unser schönes Zelt!«, weinen sie. »Wir haben kein Zuhause mehr!« Eine der Elfen entdeckt in der Erde sehr große Fußabdrücke. »Das waren riesige Pranken«, sagt sie. »Joris muss es gewesen sein.«

Die anderen Elfen fangen an, zu rufen: »Joris, dieser Bösewicht! Er hat unser Zelt zerstört!« Sie jammern so laut, dass der Zwerg es hört. Gleich läuft er zu Joris' Höhle, denn er will wissen, ob das stimmt. Als er die Höhle erreicht, vernimmt er aus dem Inneren ein Scharren und Rumpeln. »He, Joris!«, ruft der Zwerg. Aber Joris in der Höhle kann ihn nicht hören, weil er mit seinem Schwanz den Boden fegt. Die Elfen sollen es schließlich schön haben, wenn sie kommen.

Der Zwerg eilt zu den Elfen zurück. »Joris ist in seiner Höhle«, erzählt er ihnen. »Er versteckt sich und antwortet nicht, wenn man ihn ruft.«

Da jammern die Elfen noch lauter: »Joris, dieser Bösewicht! Er denkt nicht daran, sich bei uns zu entschuldigen. Stattdessen vergräbt er sich tief in seiner Höhle!«

Das hat der Fuchs gehört. Er kann nicht glauben, dass Joris ein Bösewicht sein soll. Darum läuft er zur Drachenhöhle, um nachzusehen. Und er entdeckt Joris auf der Wiese beim Äpfelpflücken. Da macht der Fuchs auf

der Stelle kehrt, um den Elfen zu berichten. »Joris pflückt Äpfel, als ob nichts geschehen wäre!«

Die Elfen sind entsetzt. »Oh, dieser Bösewicht!«, klagen sie. »Erst zertrampelt er unser Zelt, und dann denkt er nur ans Essen!«

Der Schmetterling hat Mitleid mit den verzweifelten Elfen. Er flattert los, zur Apfelwiese, und da sieht er schon von Weitem den großen Drachen Joris.

Joris hat aufgehört, Äpfel zu pflücken. Nun hebt er ein schönes weiches Stück Moos von der Erde auf.

»Er ist wirklich ein Bösewicht!«, erzählt der Schmetterling den Elfen. »Mit seinen großen Pranken hat er einfach das Moos aus der Erde gerissen!«

Die Elfen wissen nicht ein noch aus. Wo sollen sie heute Nacht bloß schlafen?

Plötzlich nähern sich große schwere Schritte. Die Elfen zucken vor Schreck zusammen. Joris, der Drache, kommt direkt auf sie zu!

»Hilfe!«, rufen sie. »Der Bösewicht!«

Joris hat eine tiefe, laute Stimme. »Kommt in meine Höhle!«, brummt er.

Vor lauter Angst können die Elfen gar nichts antworten. Sie sind so klein, und Joris ist so groß. Und er ist doch ein schlimmer Bösewicht!

Mit seiner riesigen Pranke hebt Joris eine der Elfen hoch und setzt sie auf seinen Rücken. Nach und nach setzt er eine nach der anderen dazu. Dann dreht er sich um und schreitet mit den Elfen zu seiner Höhle.

Dort legt er sich flach auf den Bauch, damit sie heruntersteigen können. Die Elfen klammern sich zitternd aneinander. Sie haben so eine Angst.

Joris zeigt zum Tisch, auf dem Äpfel und Honigtöpfe stehen. »Hier könnt ihr essen«, brummt er mit seiner tiefen Stimme. An der Höhlenwand sind kleine Bettchen aus weichem Moos aufgebaut. Joris sagt: »Und hier könnt ihr schlafen.«

Die Elfen wissen nicht, wie ihnen geschieht.

Da erklärt Joris ihnen, dass es ihm leidtut um das schöne Zelt und dass die Elfen seine Gäste sein sollen.
»Du bist kein Bösewicht?«, fragen die Elfen erstaunt.
Joris schüttelt den Kopf.
Nun sind die Elfen aber froh. Sie setzen sich an den Tisch und essen die köstlichen Äpfel mit Honig. Danach legen sie sich in die wunderbar weichen Moosbetten und schlafen bald ein.
Am nächsten Morgen laufen die Elfen zum Zwerg, zum Fuchs und zum Schmetterling. »Joris ist unser Freund«, erzählen sie allen Tieren im Land.

Vorlesegeschichten für 3 Minuten

978-3-401-09423-6

978-3-401-09155-6

978-3-401-08751-1

Als Hörbuch bei Arena audio

Weitere Titel in der Reihe »3-Minuten-Geschichten«

Irma Krauß, Engelgeschichten für 3 Minuten
ISBN 978-3-401-08849-5

Nortrud Boge-Erli / Chris Boge, Feengeschichten für 3 Minuten
ISBN 978-3-401-08745-0

Christa Zeuch, Mutgeschichten für 3 Minuten
ISBN 978-3-401-08442-8

Jutta Langreuter, Piratengeschichten für 3 Minuten
ISBN 978-3-401-08932-4

Jutta Langreuter, Teddygeschichten für 3 Minuten
ISBN 978-3-401-08410-7

Milena Baisch, Prinzessinnengeschichten für 3 Minuten
ISBN 978-3-401-09757-2

Christina Koenig, Zauberponygeschichten für 3 Minuten
ISBN 978-3-401-09296-6

Wir sind Freunde, ich und du. Die schönsten Vorlesegeschichten für 3 Minuten
ISBN 978-3-401-09551-6

Jeder Band:
Ab 4 Jahren.
Durchgehend farbig illustriert.
www.arena-verlag.de